SMART COOKIE KID

III

pour les enfants de
3 à 4 ans

Mary Khalil
Baha Kodir

PRÉFACE

Ce cahier de développement propose une variété d'exercices captivants conçus pour améliorer l'attention, la concentration, les intelligences multiples, la mémoire visuelle, les compétences motrices, la pensée critique, les capacités d'apprentissage, la résolution de problèmes, la créativité, et bien plus encore chez votre enfant. Pour des résultats optimaux, nous recommandons que les enfants effectuent ces activités de manière séquentielle et régulière, avec l'encadrement d'un adulte. Chaque exercice de ce livre divertissant et stimulant l'attention est accompagné d'instructions claires. Il n'y a pas de limite de temps spécifique pour chaque exercice. Ce qui est le plus important, c'est que votre enfant apprécie de concentrer son attention tout en résolvant des problèmes et en acquérant de nouvelles compétences.

Si votre enfant trouve les instructions confuses pendant une activité, il est important de clarifier ces confusions avec une explication simple et compréhensible ou en fournissant un exemple. Les encouragements verbaux positifs sont une excellente manière de motiver votre enfant lorsqu'il réussit à accomplir les exercices. Par exemple, vous pouvez dire : "Tu fais un travail incroyable !" ou "Tu es incroyablement génial(e) !"

Le livre présente des illustrations charmantes créées avec soin et expertise, spécialement conçues pour captiver l'imagination des enfants. Ces œuvres d'art délicates sont le résultat du talent d'artistes professionnels.

De plus, nous avons inclus des pages de jeux divertissants pour offrir aux parents des moments de qualité à la maison avec leurs enfants. Ces jeux amusants sont sûrs de créer des moments mémorables et de favoriser une connexion forte entre vous et vos petits.

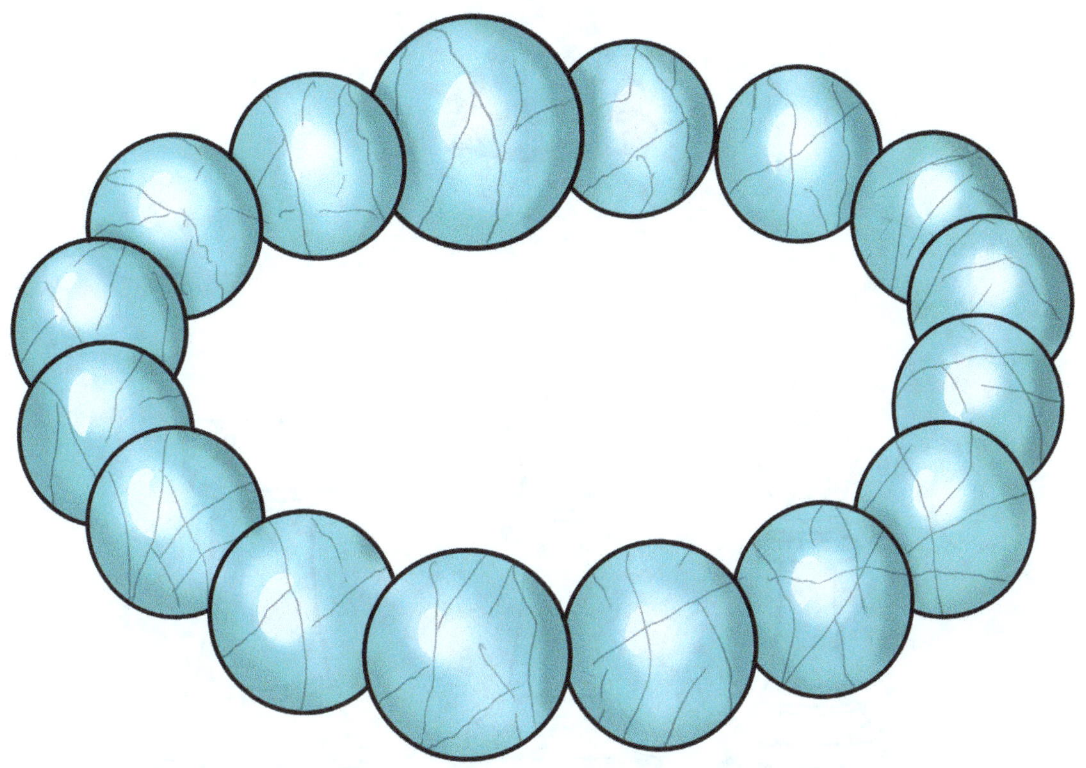

Trouvez la même forme que la pièce d'échecs sur la photo.

Trouvez et marquez les deux parties nécessaires pour créer un ovale.

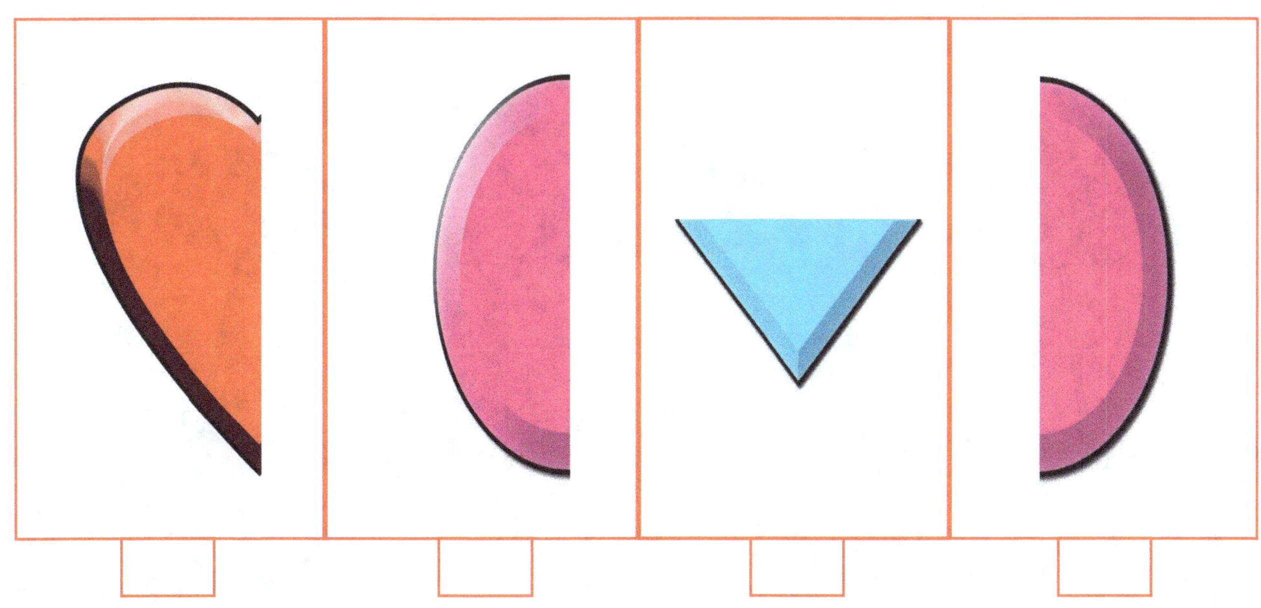

Associez les parapluies entre les mains des enfants avec les parapluies ci-dessous.

Trouvez et marquez celui qui fonctionne avec la batterie.

Trouvez et marquez quel oiseau ne peut pas voler.

Faites correspondre les symboles sous les drapeaux des pays.

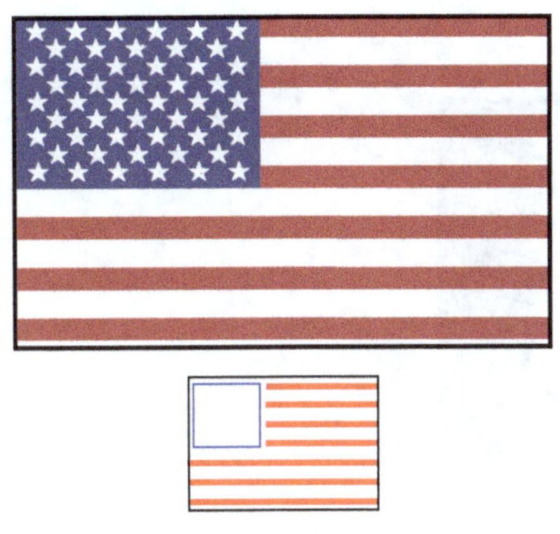

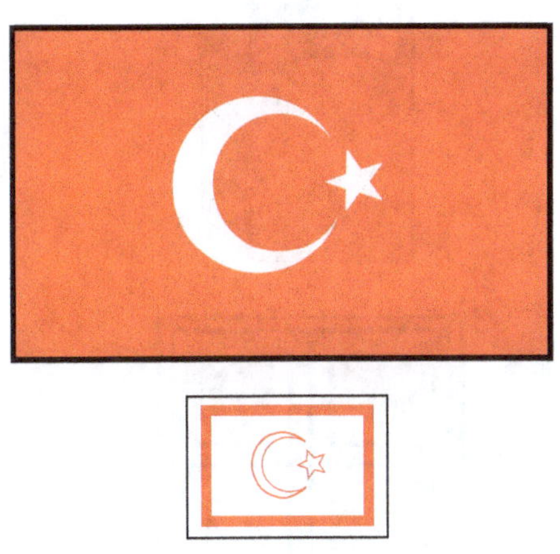

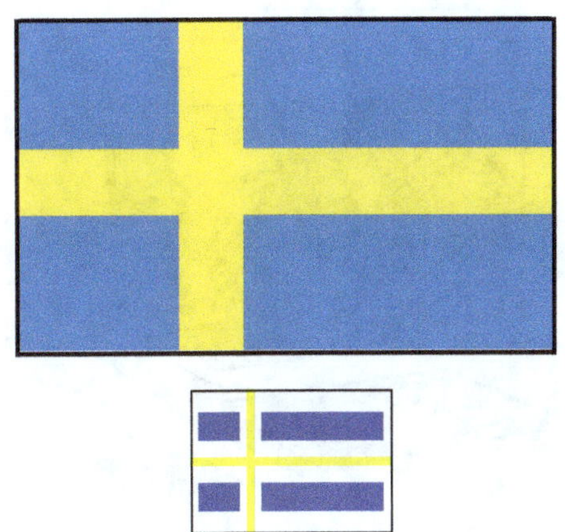

Marquez et trouvez combien de téléviseurs il y a sur l'image.

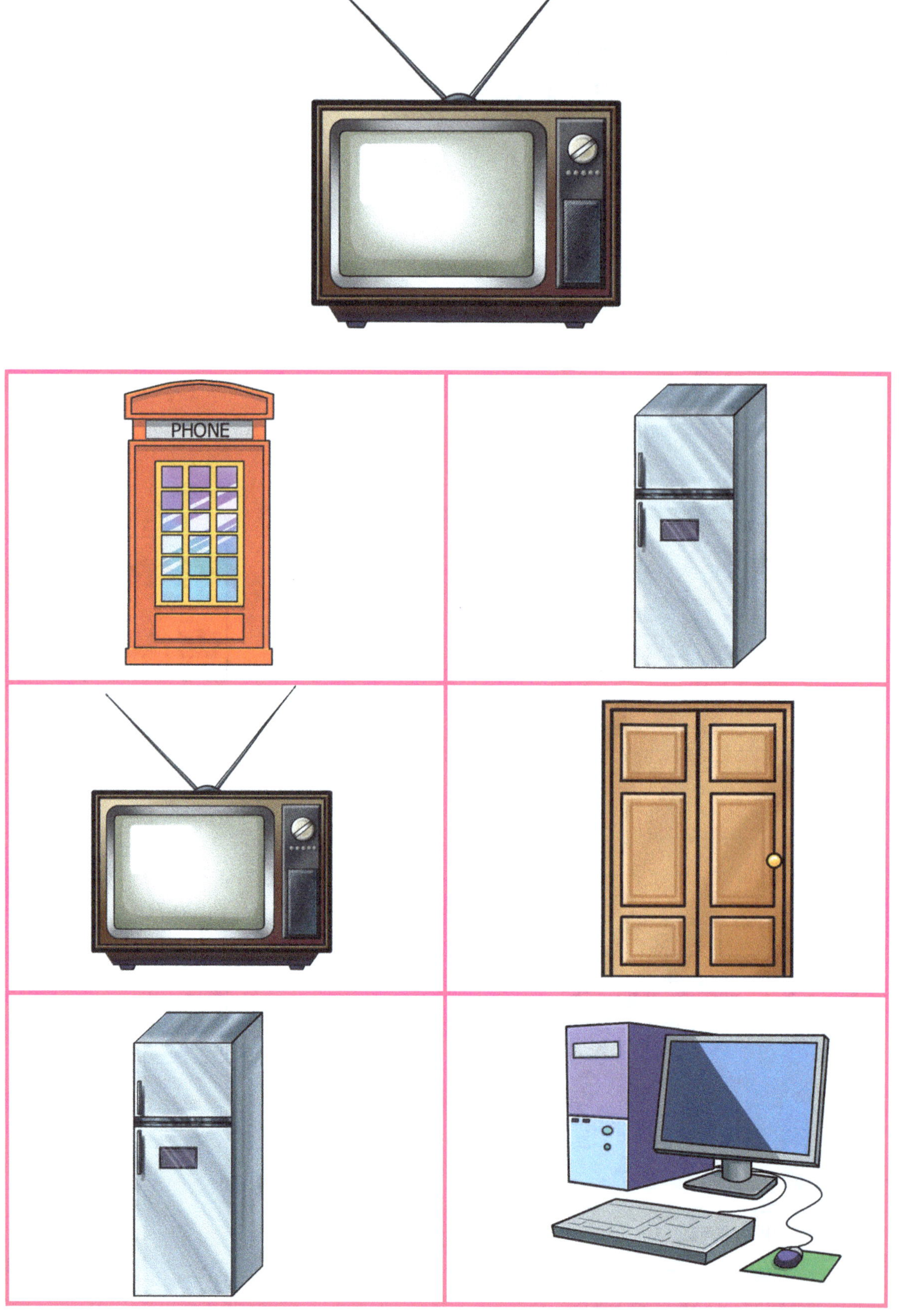

Si les animaux ci-dessous couraient dans la mer,
quel animal gagnerait ?

Trouvez et marquez la forme non colorée de la lanterne sur l'image.

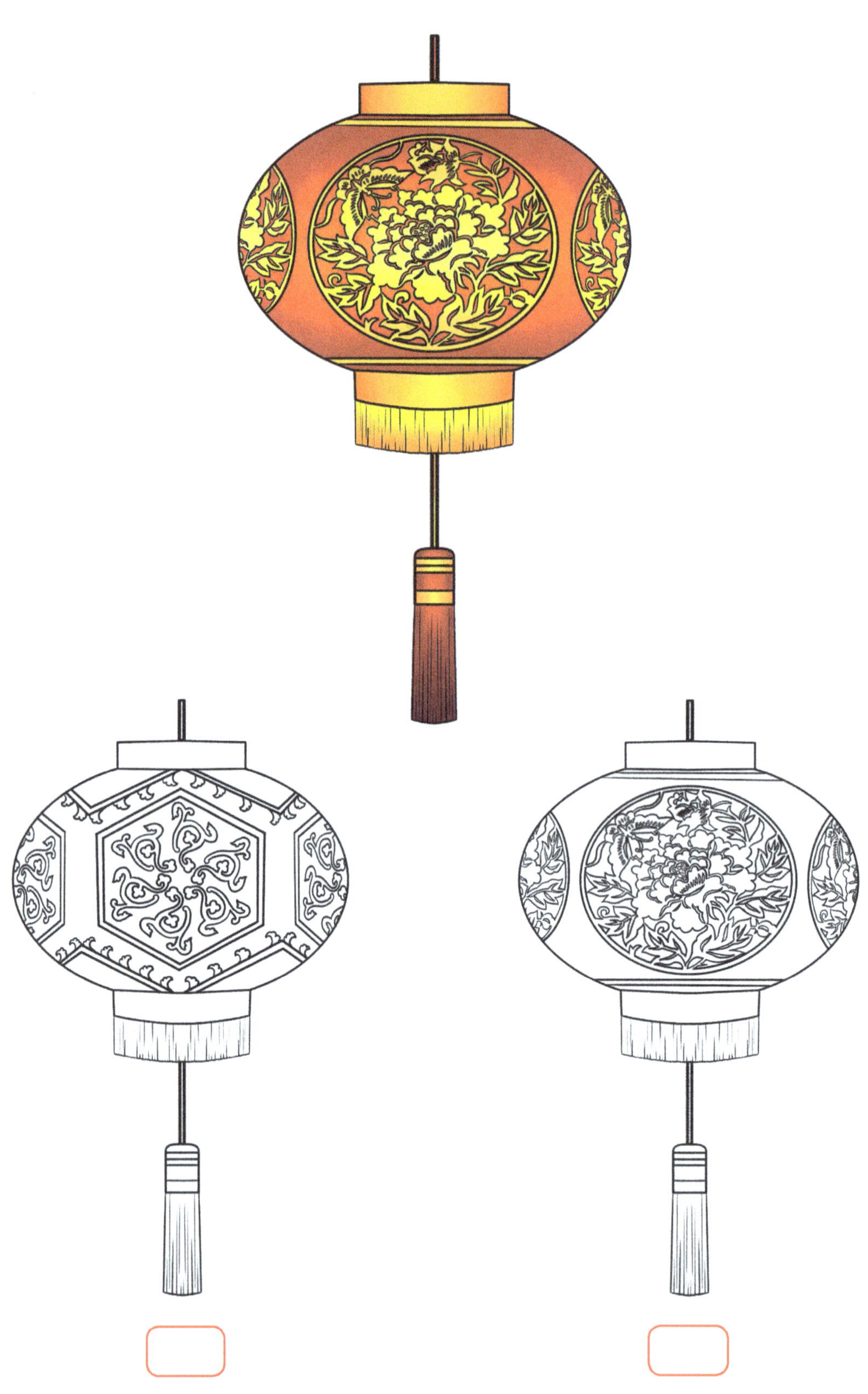

Trouvez et marquez les mêmes poupées dans le tableau ci-dessus.

15

Trouvez et marquez laquelle des voitures devrait venir ensuite dans la file d'attente.

Trouvez les pièces manquantes de l'avion.

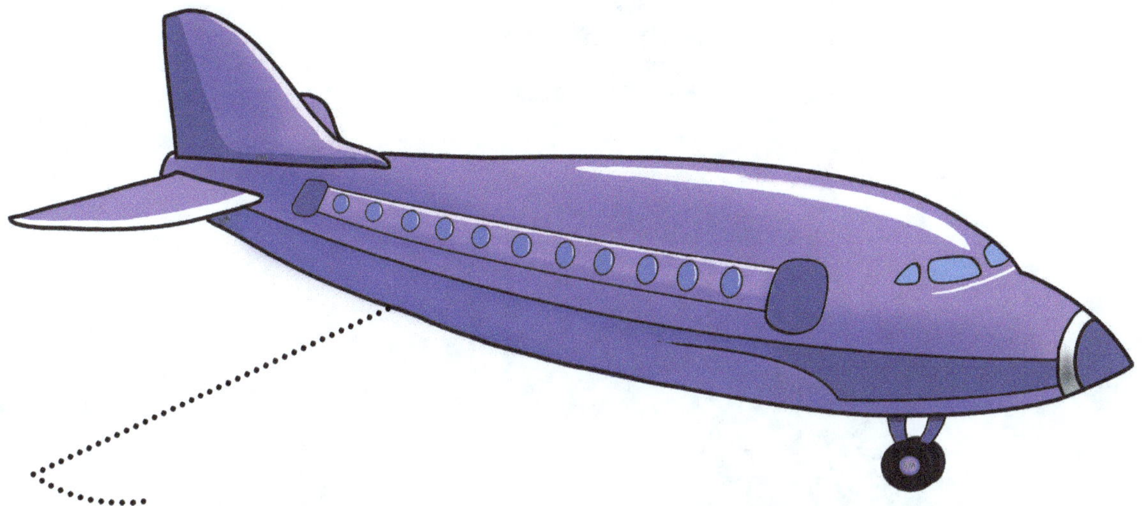

Faites correspondre les images de l'arbre en file d'attente.

Montrez les mêmes objets avec vos deux mains en même temps.

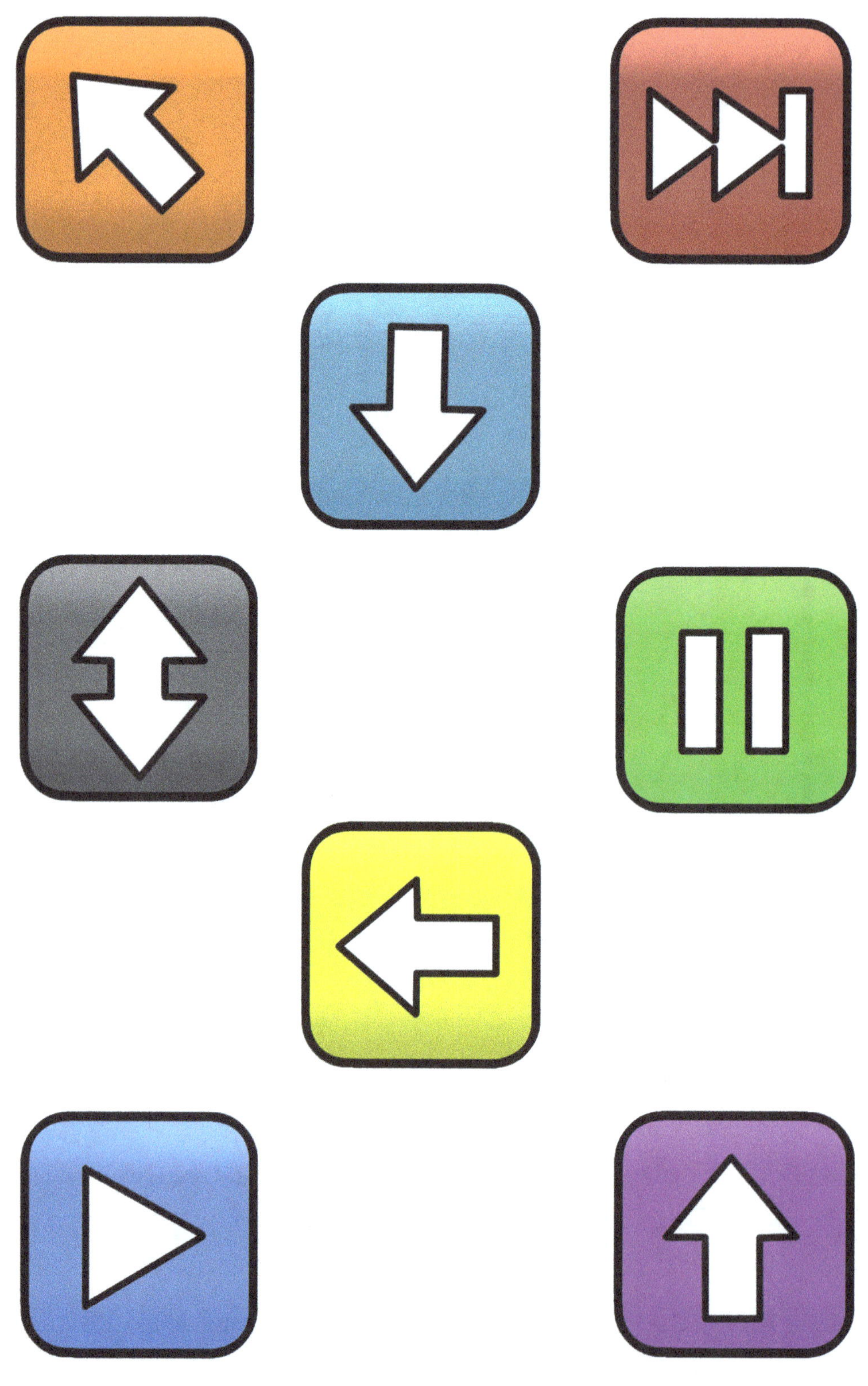

Montrez les mêmes objets avec vos deux mains en même temps.

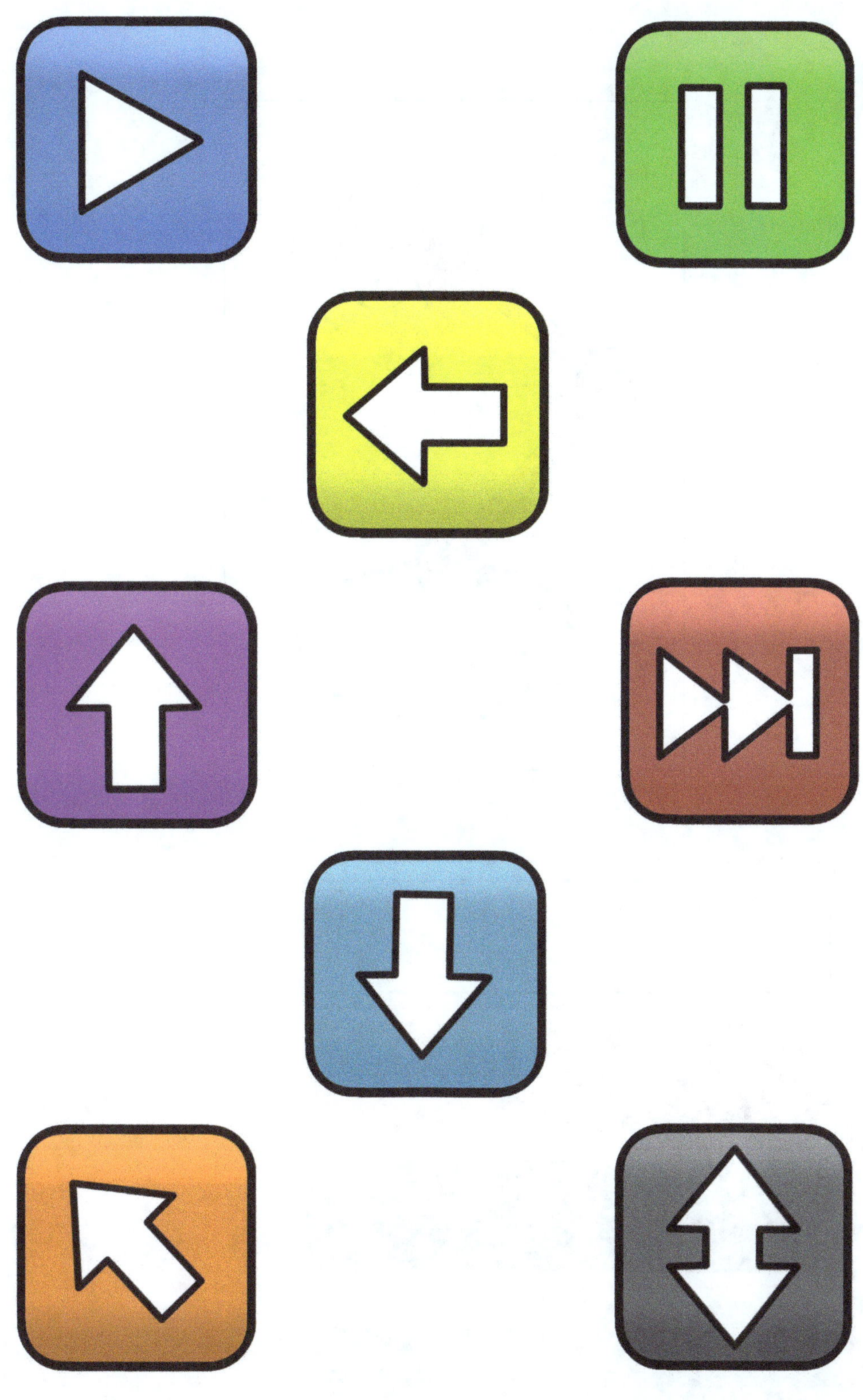

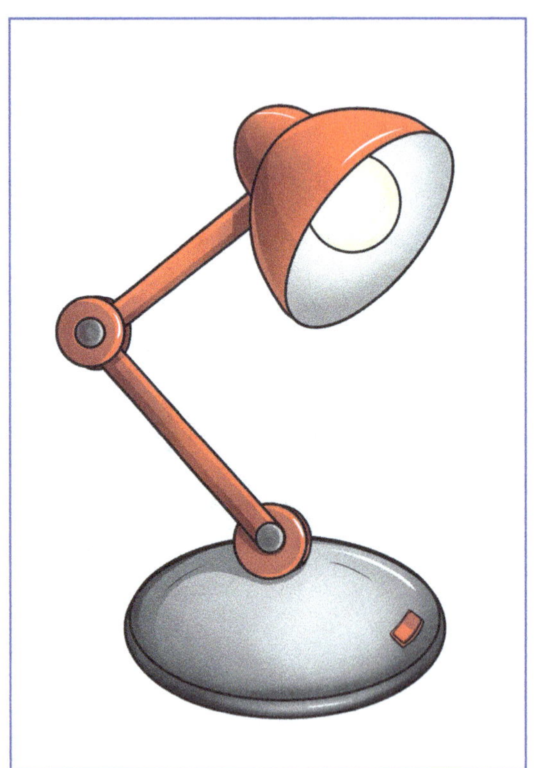

Dessinez les symboles comme dans l'exemple.

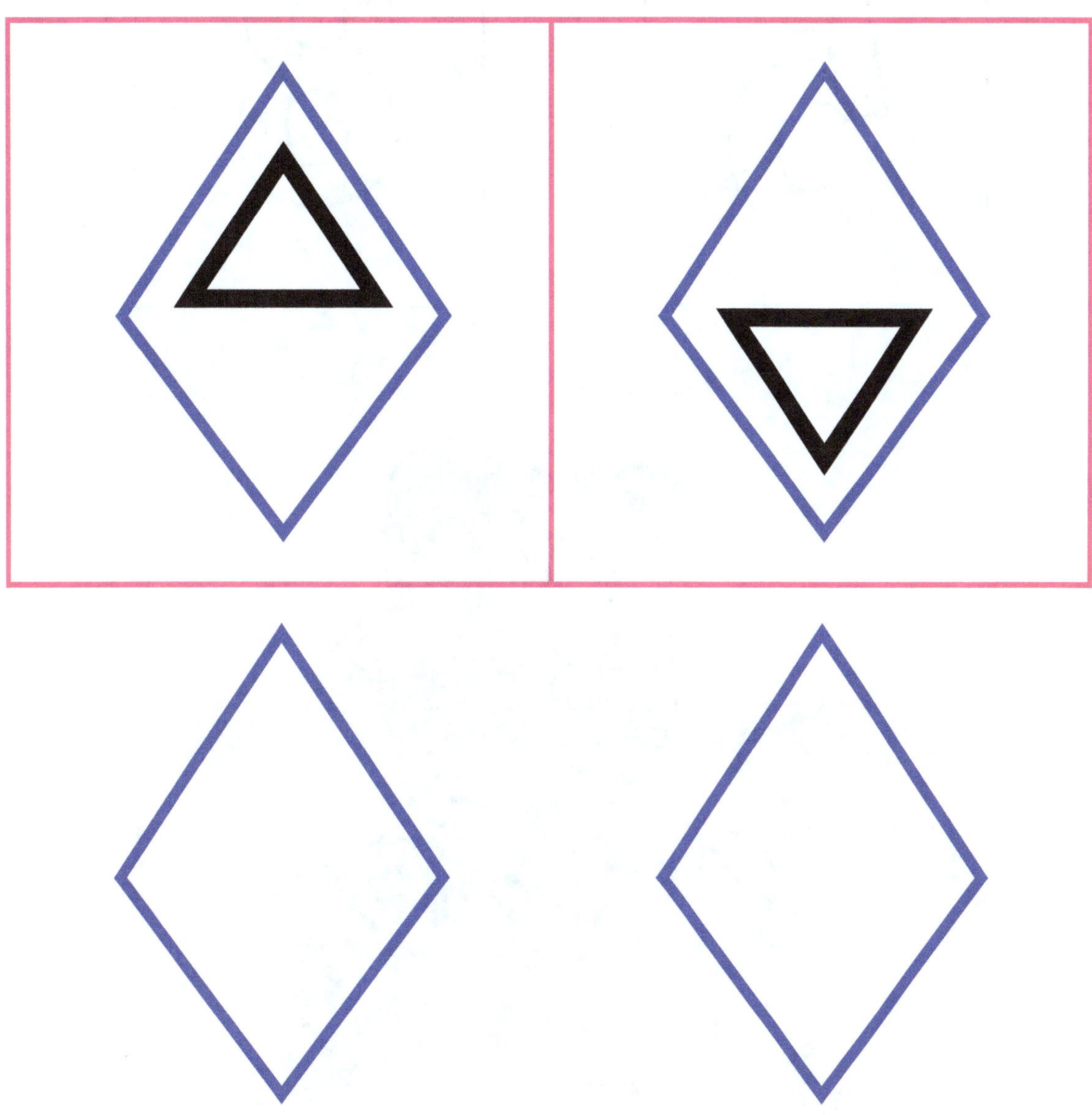

Trouvez et marquez à quel symbole ressemble le bonhomme de neige.

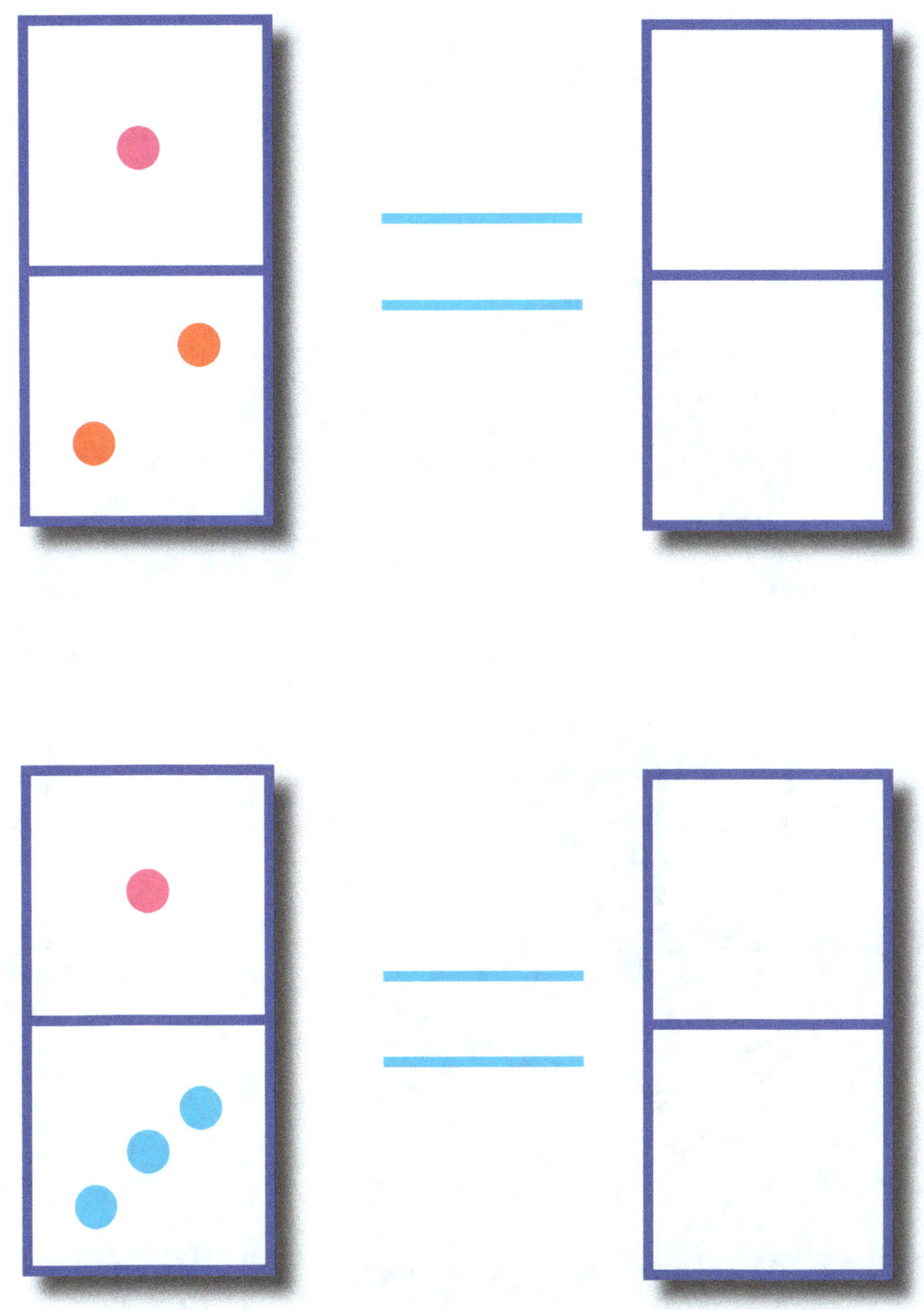

Dessinez les symboles comme dans l'exemple et assurez-vous que les deux côtés doivent être identiques.

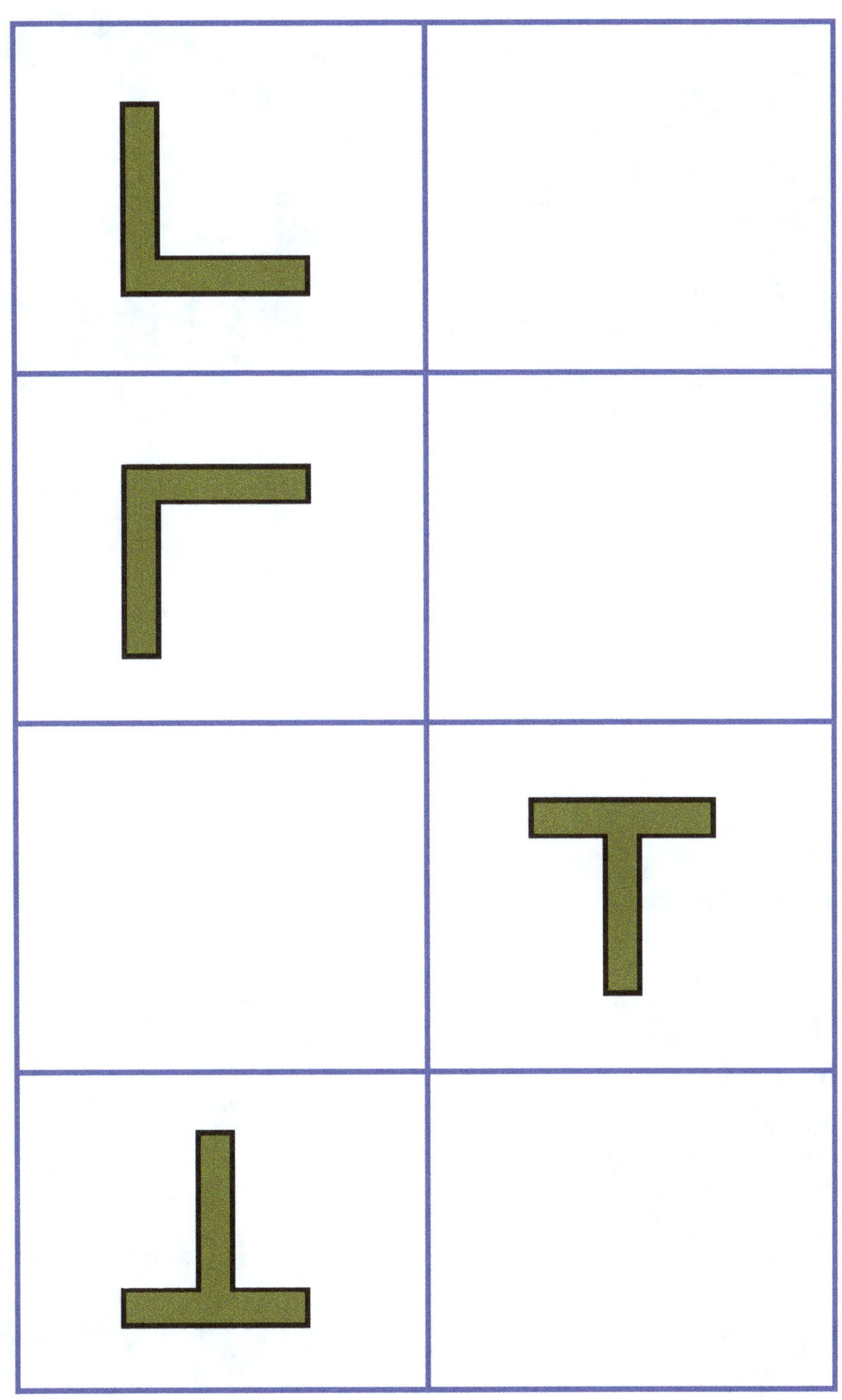

Trouvez et marquez ceux qui sont mous.

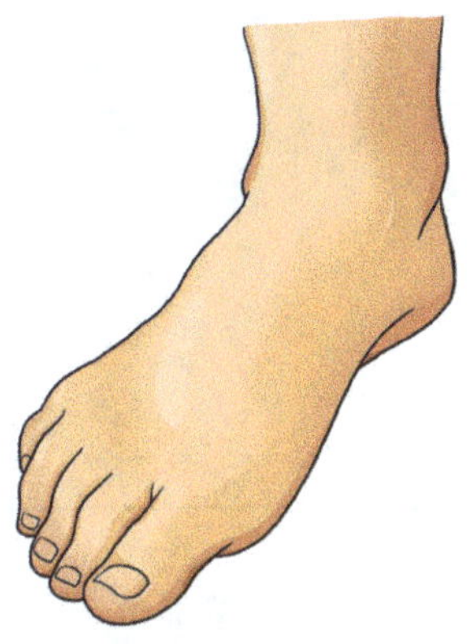 

J'y vais,
mais ça
reste
allumé.

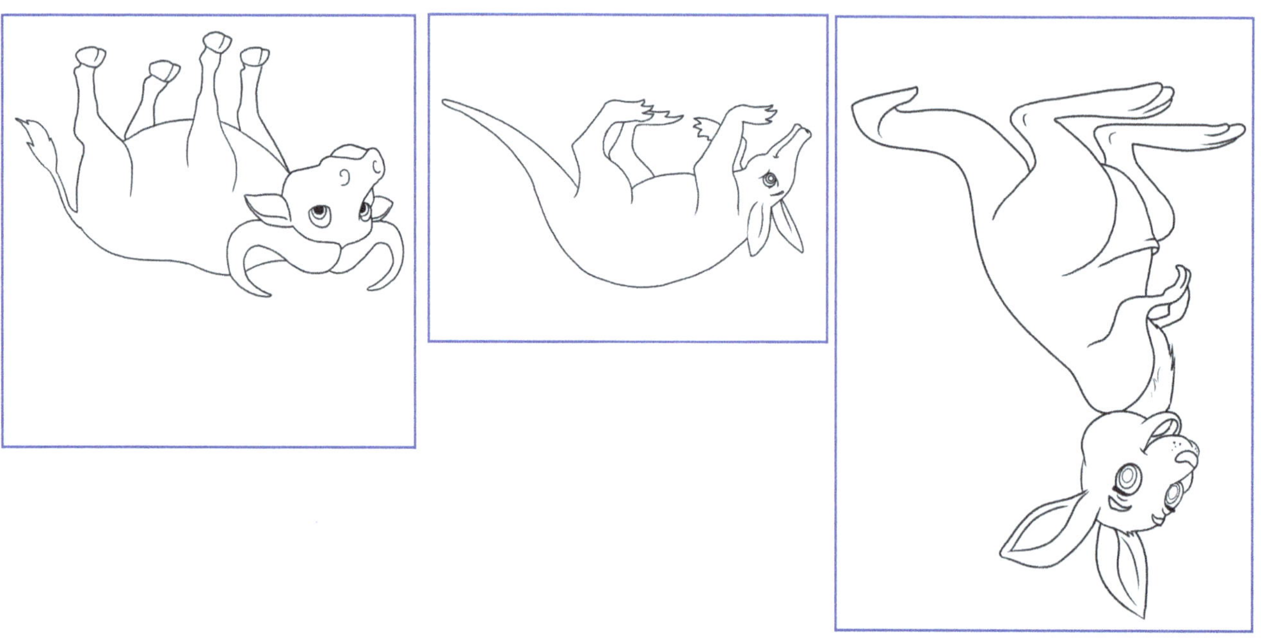

JEU DE TIR

Instruction: Les tasses sont disposées séquentiellement sur la table et divisées en deux parties égales. Un bâton d'oreille est inséré dans la paille en plastique. Il est demandé à l'enfant de souffler dans la tasse avec le bâton d'oreille soufflant à travers la paille en plastique. Celui qui soufflera la coupe en premier gagnera.

Suggestion: Gobelet en papier, paille et bâton d'oreille.

COUVERCLES ROULANTS.

Instruction: La ligne d'arrivée tracée sur un terrain plat. Celui qui franchit la ligne d'arrivée en faisant rouler les couvercles gagne.

Suggestion: Plusieurs couvercles de bocaux plats.